Legend T.

Seven Rules

AF215460

Legend T.

Seven Rules

Give your Life a Hug!

Umarme Dein Leben!

Bibliografische Information der Deutschen Nationalbibliothek:
Die Deutsche Nationalbibliothek verzeichnet diese Publikation
in der Deutschen Nationalbibliografie; detaillierte bibliografische Daten sind im Internet über http://dnb.dnb.de abrufbar.

Autor: Legend T.
Mitwirkende Personen: Thomas Sandström

Herstellung und Verlag: BoD – Books on Demand, Norderstedt
ISBN: 9783748173373

Inhalt

Legend T.

Seven Rules

Give your life a hug!

Umarme Dein Leben!

Vorwort

Das zentrale Thema im Leben ist Selbstvertrauen.

Selbstvertrauen ist die wichtigste Voraussetzung für ein erfolgreiches Leben, es führt unmittelbar dazu, dass Du aktiv Dein Leben gestaltest.

Selbstvertrauen ist aber sehr viel mehr.

Es steht auch für Selbstbewusstsein, für Selbstwertschätzung, für Selbstachtung und für Selbstsicherheit.

Es verleiht Dir Energie.
So kannst Du Dein Leben umarmen.

Seven Rules zeigt Dir in **7 klaren Empfehlungen**, wie Du im Alltag verschiedene Aufgaben schnell und gut erledigen kannst.

Wenn Du Dich die Empfehlungen annimmst, wirst Du viel neue Energie spüren.

Der Alltag wird Dich weniger belasten.

Du spürst viel Freude und kannst dadurch die Herausforderungen des Lebens voller Begeisterung annehmen.

Das ist Dein neues Selbstbewusstsein!

Seven Rules ist ein Buch, das Dich dabei unterstützt, Dein Leben mit großem Selbstbewusstsein, mit Selbstachtung und mit voller Super-Energie zu führen.

Gestalte Dein Leben!

Tue es!

Jetzt!

Give your life a hug! – Umarme Dein Leben! –

Legend T.
Seven Rules

Unerschütterliches
Selbstvertrauen!

Kleidung

Finde Deinen Kleidungsstil und trage ihn immer und jeden Tag. Langfristig sorgt es dafür, dass Du Dir keine Gedanken mehr machen musst, was Du anziehst und ob es gut aussieht.

Zum Anfang kannst Du Deinen Kleidungsstil immer wieder anpassen, es dauert eine gewisse Zeit, bis man die passenden Teile gefunden hat.

Wenn es dann soweit ist, kauf Dir mehrere gleiche Hosen und mehrere gleiche Oberteile!

Ab dann hast Du keine Sorgen mehr!

Aufrechter Gang

Die Schultern nach hinten, Brust heraus, Nase nach oben, Rücken gerade!
Den Blick nach vorne!
Das ist der richtige Gang!
Gehe immer so! Das ist enorm wichtig!
Es macht dich groß und mächtig. Es gibt keinen Grund, klein und krumm zu gehen.

Sauberkeit

Dusche jeden Tag, benutze kein aufdringliches Parfüm, nur einen dezenten Duft!
Es ist wichtig, dass Du keine Gedanken an Deine Sauberkeit verschwenden musst.
Putze regelmäßig die Zähne!

Was Andere Denken, muss Dir egal sein

Die ersten drei Punkte dienen dazu, Dein Gehirn, Deine Gedanken darauf einzustellen, nicht an andere Menschen denken zu müssen.
Andere Menschen reden über Kleidung, über Aussehen und über Äußeres!

Durch die ersten drei Punkte hast Du alles erledigt und eine Lösung gefunden.
Jetzt kann sich Dein Gehirn auf Deine Taten konzentrieren, Du bist völlig frei.

Wissen

Lerne, soviel Du kannst! Lese Bücher!
Wissen ist die Essenz des Lebens!
Bleibe immer neugierig!
Lese jeden Monat ein Buch, egal welches! Leih Dir Bücher aus der Bibliothek!
Nutze die Zeit nachmittags oder abends, lese eine halbe Stunde!
Schaue wenig TV, es findet nur wenig Wissensvermittlung über das Fernsehprogramm statt.

Fitness

Halte Dich Fit!
Treibe jeden Tag Sport, mindestens 10 Minuten!
Es gibt keine Ausreden!
Auch schnelles Gehen ist Sport. Liegestütze kann man immer und überall machen. Konsequent jeden Tag. Auch im Bett kannst Du Sit-Up's machen.
Die Fitness gibt Deinem Körper die notwendige Grundspannung, das verleiht Deiner Erscheinung Größe und Stolz!

Keine Entschuldigungen

Du bist erwachsen, Du musst Dich nicht entschuldigen.
Grundsätzlich niemals. "Entschuldigung, darf ich da mal ran!" oder "Entschuldigung, darf ich mal durch!" sind ab jetzt Vergangenheit.
Du gehst einfach durch, oder da mal ran!

Es gibt keinen Grund, sich zu entschuldigen.

Legend T.
Seven Rules

Focus

Babyschritte

Verschaffe Dir einen Überblick über das Gesamte und teile den Brocken in kleine Schritte ein!
Bei neuen Herausforderungen oder bei neuen Aufgaben verschaffe Dir zuerst einen Überblick über die gesamte Aufgabe.

Was ist das endgültige Ziel der Aufgabe?

Was willst Du am Ende erreichen?

Danach teilst Du die gesamte Aufgabe in kleine Teilstücke, Babyschritte nenne ich das.

Ziel ist hier, die komplette Aufgabe in Minibrocken zu teilen, um sie einfach zu machen.

Das ist das Geheimnis, Du teilst jede noch so komplizierte Aufgabe in so kleine Aufgaben, die aber dann nicht mehr kompliziert sind.

Für die Einteilung dieser Babyschritte gibt es eine klare Regel:

Was muss ich tun und bis wann muss ich es tun?

Für jeden einzelnen Babyschritt mache diese Einteilung!

Am Ende sollte die Aufgabe komplett gelöst sein, in Babyschritte eingeteilt und mit einem zeitlichen Rahmen!

PS: An dieser Stelle der Verweis auf den Film „Was ist mit Bob?" mit Bill Murray und Richard Dreyfus!

Fokussierung auf einfache Aufgaben

Durch Deine Einteilung in Babyschritte sind jetzt machbare, einfache Aufgaben entstanden.

Das ist immer so.

Je kleiner die Schritte werden, desto einfacher werden die einzelnen Babyschritte.

Ein Beispiel:

"Ich gebe Dir in der sechsten Klasse die Abitur Prüfungsaufgaben. Du wirst keine Aufgabe richtig lösen können. Also schaffst Du auch kein Abitur."

Solche Situationen sind alltäglich, immer soll man ohne fundierte Hintergrundinformationen und Zeit spontan die richtigen Antworten geben.

Das geht natürlich nicht. Es gibt auch keinen Grund, weiter darüber nachzudenken.

Bleibe fokussiert!

Im Falle der Abituraufgaben hast Du noch fünf Jahre Zeit, jedes Jahr einen Teil zu lernen.

Teilst Du sogar die Babyschritte in Wochen auf, werden die Aufgaben sehr einfach.

Du hast dann nämlich 260 Wochen Zeit, die Abituraufgaben zu lernen. Nehmen wir mal an, Du musst dafür 20 Bücher lesen.

Für ein Buch braucht man zwei Wochen, dann sind das 40 Wochen, Du hast also noch 220 Wochen für andere Dinge.

Noch einfacher geht es, wenn Du sagst, ein Buch hat 200 Seiten und Du willst am Tag 10 Seiten lesen. Dann schaffst Du das Buch in 20 Tagen oder ungefähr 3 Wochen.

Dann bleiben Dir noch, nachdem Du 20 Bücher gelesen hast, 200 Wochen Zeit, den Rest zu lernen!

Du merkst, wenn Du einen Plan hast und fokussiert bleibst, ist genügend Zeit!

Ausdauer

Nachdem Du jetzt schwierige Probleme in Babyschritte verwandeln kannst, musst Du es nur noch machen!

Das ist richtig schwierig!

Dein Gehirn sagt Dir nämlich jetzt, Du hast den komplizierten Teil der Aufgabe bewältigt, jetzt kommt der einfache Teil, also Routine.

Und Dein Gehirn sagt Dir: „Alter, jetzt bleib mal gechillt!"

Aber jetzt ist nicht die Zeit für Chillen!

Jetzt beginnt der entscheidende Teil.

Bleibe fokussiert!

Jeden Tag musst Du beginnen mit Deiner Tagesaufgabe!

Erledige Deinen Teil der Aufgabe als Erstes am Tag. Es ist das Wichtigste!

Motivation

Wenn Du Dein Stundenziel erreicht hast, hast Du eine Belohnung verdient!

Motivation!

Wenn Du Dein Tagesziel erreicht hast, hast Du eine Belohnung verdient!

Motivation!

Wenn Du einen Monat lang Deine Babyschritte gemacht hast, hast Du eine Belohnung verdient!

Motivation!

Motivation ist hier der Schlüssel!
Motiviere Dich selbst!

Belohne Dich, damit Du motiviert bleibst!

Meilensteine

Nach einer bestimmten Anzahl von Babyschritten musst Du gedanklich Deinen bisherigen Weg zusammenfassen.

Das ist ein Meilenstein.

Hier gleichst Du den schon zurückgelegten Weg mit dem endgültigen Ziel ab, ist das zum Anfang gesteckte Ziel noch aktuell oder musst Du etwas nachjustieren!

Ein Meilenstein ist auch, wenn Äußere, nicht zu ändernde Umstände, eintreten.
Auch jetzt musst Du Dein endgültiges Ziel einjustieren.

Und bedenke, nachjustieren heißt nicht aufgeben!

Bleibe fokussiert!

Ausreden

Es gibt keine Ausreden!

Bleibe fokussiert!

Es gibt immer eine Möglichkeit, Deine Babyschritte zu machen!

Ablenkung und Gelassenheit

Im Alltag sind die Ablenkungen immer riesig.
Die Routine, der Job, Notfälle, und Bequemlichkeit lenken Dich ab.
Grundsätzlich hast Du auf viele Dinge einen Einfluss, auf viele Dinge aber auch nicht.

Nehme die Dinge, auf die Du keinen Einfluss hast, gelassen hin.
Du kannst sie nicht ändern!

Atme tief durch, dann konzentriere Dich wieder auf Deine Babyschritte!

Bleibe fokussiert!

Legend T.
Seven Rules

Optimismus!

Heute

Wenn Du morgens aufstehst, trete an das offene Fenster, atme tief durch und der Tag startet neu.
In jeder Hinsicht!

Gehe aufrecht, Nase nach oben, Frühstücke gut!

Das Gerede von gestern ist Vergangenheit, Vergangenheit kann man nicht ändern.

Alles, was Du nicht ändern kannst, ist unwichtig, Du kannst es ja nicht ändern.

Der nächste Tag ist Zukunft, Zukunft ist noch nicht passiert, lässt sich aber nicht direkt ändern, ist also auch unwichtig.

Wichtig ist allein das Jetzt!

Solltest Du gestern wütend gewesen sein, gehe heute hin, sage Sorry für gestern und starte einen neuen Versuch!

Hast Du gestern keinen Sport gemacht, gehe heute zum Sport!

Hast Du gestern in keinem Buch gelesen, lese heute!

Wichtig ist HEUTE!

Tue alles im Jetzt, was gestern war, lässt sich nicht ändern, was kommen wird, weißt Du nicht!

Was wäre, wenn morgen ein Asteroid auf die Erde knallt und alles Leben auslöscht, das ist genauso wahrscheinlich wie alles, was Du Dir ausdenkst.
Es ist nämlich Zukunft. Du weißt es nicht!

Rufe Dir ins Bewusstsein, alles was Du jetzt tust, tust Du mit Deiner Erfahrung, aber ohne Rücksicht auf gestern und auf die Zukunft zu nehmen.

Angst

Angst ist nur in Deinem Kopf.

Es gibt keine Garantie, ja noch nicht mal die Wahrscheinlichkeit ist hoch, dass sich genau das gleiche Ereignis wiederholt und Dir genau dasselbe passiert. Das ist gänzlich unwahrscheinlich.
Da es so ist, gibt es keinen Grund, Angst zu haben! Vergangenheit ist gewesen und die Zukunft kannst Du nicht vorhersagen!

Also mutig voran und keine Angst!

Gesundheit

Für viele Krankheiten gab es vor zwanzig Jahren keine wirksamen Medikamente, sie waren tödlich. Heute überlebt man.

Es gibt keinen Grund, dass nicht morgen ein wirksames Medikament für Deine Krankheit auf den Markt kommt und Du überlebst und bist geheilt.

Du hast also keinen Grund, heute traurig zu sein, Du musst heute überleben, damit Du morgen möglicherweise Deine Heilung erlebst.

Und bestimmt triffst Du heute Menschen, die helfen Dir weiter.

Rede mit Menschen!

Jeder hat Ideen, Du kannst die Idee finden, die Dir hilft!

Fitness

Gestern hast Du nur auf dem Sofa gelegen und gegessen, na und!

Du kannst nichts ändern.

Aber heute machst Du 10 Minuten Sport.

Das ist dann eine Riesen-Steigerung.

Wer kann sich schon so steigern?

Du kannst es!

Das ist gewaltig!

Selbstbewusstsein

Du kannst viel, Du weißt viel!

Vertraue auf Dein Wissen und auf Dein Können.

Wenn es erforderlich ist, kannst Du jede Situation bewältigen.

Wenn es heute nicht machbar ist, morgen früh startet alles wieder neu.

Dann hast Du neue Ideen und Du kannst neue Versuche starten.

Selbstzweifel

Selbstzweifel sind immer vorhanden, sie sollen nur nicht der bestimmende Faktor sein.

Auch Angst ist grundsätzlich nicht schlecht, aber auch sie sollte nicht der bestimmende Faktor sein.

Zweifel haben immer damit zu tun, dass Angst, mangelndes Selbstvertrauen, mangelnde Fitness und schlechte Gesundheit zusammenkommen, dazu kommt noch, dass schlechte Erfahrungen in der Vergangenheit auch für zukünftige Geschehnisse vorhergesagt werden. Das ist falsch.

Aber Du weißt:
- Keine Angst, Angst ist nur in Deinem Kopf!
- Vertraue Dir selbst, Du hast schon viel geleistet und viel Erfahrung!
- Fitness, starte heute mit 10 Minuten Sport (in meinem Buch Kapitel Fitness)

- Höre auf Deinen Körper, jeden Tag kann Dein Medikament erfunden werden!
- Die Vergangenheit kannst Du nicht ändern!
- Die Zukunft kannst Du nicht vorhersehen!
- Lebe im Jetzt, Hier und Heute!

Legend T.
Seven Rules

Glaubenssätze

Allgemein

Glaubenssätze sind mächtig!
Glaubenssätze sind ehrlich!
Glaubenssätze bestimmen unser Denken!
Was sind Glaubenssätze?
Glaubenssätze beschreiben die Art, wie wir denken!
Wie wir etwas denken, hat eine unmittelbare Auswirkung auf unser Handeln!
Denken steht vor dem Handeln!

Körper

Ich liebe mich, und deshalb sorge ich liebevoll um meinen Körper!
Ich liebe meinen Körper!
Deine Liebe zu Dir und zu Deinem Körper ist in Dir!
Ich liebe und akzeptiere mich voll und ganz, so wie ich bin!
Die Liebe erfüllt mich und strahlt von mir aus!
Ich liebe mein Leben, Ich liebe meinen Körper!

Geld und Erfolg

Ich bin erfolgreich!
Geld ist mein Freund!
Ich genieße es, Geld zu verdienen!
Erfolg ist Teil meines Lebens!
Jeder Tag bringt mir wunderbare Möglichkeiten des Wachsens und Entwickelns!
Ich gebe jederzeit mein Bestes - egal was ich tue!

Ernährung

Ich bin stolz auf die Person, die ich bin!
Ich bin voller neuer Kraft!
Ich lebe gesund und ausgewogen!
Ich achte auf meine Ernährung!
Ich liebe es, Sport zu betreiben!

Ich kann mich auf mich verlassen!

Denken und Handeln

Mein Denken ist frei!
Meine einzigartigen und kreativen Fähigkeiten und Talente Durchströmen mich!
Ich bin erfolgreich, was immer ich auch tue!
Ich bin ein Segen für die Welt!
Ich bin Kraft!
Ich bin Freude!
Ich bin Glück!
Ich bin das Zentrum der Macht!
Ich habe es verdient, ein gutes Leben zu haben!
Ich bin wunderbar!

Selbstbewusstsein

Ich bin die Macht!
Aus dieser inneren Ruhe fließt mir die Lösung für jedes Problem zu!
Mein Verstand und mein Herz sind im Gleichgewicht!

Fokus

Ich nehme mir Zeit für die wesentlichen Dinge in meinem Leben!
Meine innere Ruhe hilft mir, die für mich wichtigen Ziele meines Lebens zu erkennen!
Ich bin ruhig, gelassen und zufrieden!
Ich bin klug, weise und gütig!
Dieser Tag hat ungeahnte Chancen!
Ich tue Dinge, weil ich es möchte!
Denke groß!
Denke noch größer!

Legend T.
Seven Rules

Blah Blah Blah Blah Blah Blah
Blah Blah Blah Blah Blah Blah
Blah Blah Blah Blah Blah Blah
Blah Blah Blah Blah Blah Blah
Blah Blah Blah Blah Blah Blah
Blah Blah Blah Blah Blah Blah
Blah Blah Blah Blah Blah Blah
Blah Blah Blah Blah Blah Blah
Blah Blah Blah Blah Blah Blah
Blah Blah Blah Blah Blah Blah
Blah Blah Blah Blah Blah Blah
Blah Blah Blah Blah Blah Blah
Blah Blah Blah Blah Blah Blah

Kommunikation

Interessanterweise ist es nicht so sehr entscheidend, was wir sagen.

Aus Studien ist bekannt, dass Worte nur zu 7 % für den Gesamteindruck verantwortlich sind, den Du auf Deinen Gesprächspartner machst.

Dazu kommen 38 % von Deiner Stimme, ob laut oder leise, schrill oder tief und zu 55 % die Körpersprache.

Also d.h.: Mehr als zur Hälfte hängt Deine Kommunikation mit anderen Menschen nicht von Deiner Stimme ab.

Das ist doch mal überraschend, weil ja doch allgemein sehr viel Wert auf die Sprache gelegt wird.

Es kommt noch kurioser.

Zu über 90 Prozent kommt es in der Kommunikation nicht darauf an, was Du sagst.

Das ist ja mal überraschend.

Mit den sieben Regeln, wie Du sicher und selbstbewusst kommunizierst, kommst Du locker durch Dein Berufsleben und durch ganze Abende in Gesellschaft.

Nicht immer sind alle Techniken notwendig.

In der Disco ist egal, was Du sagst, es hört sowieso niemand wegen der lauten Musik.

In Besprechungen sieht man oft nur Deinen Oberkörper.

Am Telefon hört man nur Deine Stimme und was Du sagst.

Wenn man bedenkt, dass über 50 Prozent der Kommunikationsmöglichkeit am Telefon nicht benötigt werden, ist es unglaublich, dass die Menschen das Telefonieren als Hauptkommunikation ansehen.

Authentische Körpersprache

Dein Körper sollte in seiner Sprache eine Einheit ergeben.
Alles sollte stimmig sein, authentisch.
Zur Körpersprache gehören Deine Gestik, Deine Körperhaltung und Deine Bewegung.
Grob kann man hier zwischen Makroexpressionen und Mikroexpressionen unterscheiden, die Dein Körper aussendet.

Makroexpressionen sind Lächeln, die Körperhaltung, Sitzposition, Deine Haltung der Arme und Beine, Deine Kopfhaltung, usw. Makroexpressionen sind erlernbar, trainierbar und lassen sich auch gezielt einsetzen.

Mikroexpressionen oder auch Mikrosignale sind hingegen kleine Reaktionen, hauptsächlich der Gesichtsmuskeln, die nur wenige Millisekunden dauern und die nur wenige Menschen wahrnehmen können.

Diese Mikrosignale können nicht manipuliert werden und sind eine direkte Reaktion auf das Geschehene oder Gesagte.
Es ist also die subjektive Wahrheit eines Menschen.
Mikrosignale sind bei allen Menschen auf der Welt gleich.

Es werden die sieben universellen Emotionen
Ekel, Ärger, Angst, Traurigkeit, Freude, Überraschung und Verachtung gezeigt.

Grundsätzlich erzeugt die Übereinstimmung von Makro- und Mikrosignalen bei Dir ein stimmiges Gesamtbild, Dein Bauchgefühl sagt Dir, alles ist in Ordnung und Du signalisierst Deinem Gesprächspartner Ehrlichkeit und Vertrauen.
Wenn jemand dagegen lügt, hat man ein komisches Bauchgefühl.
Die Mikrosignale erkennen zu Lernen, ist möglich, aber aufwendig.
Dafür lohnt es sich umso mehr.

Schauen und beobachten

Wenn Du mit mehreren Menschen zusammenkommst, solltest Du immer zuerst schauen und beobachten.
Wieviel Männer und wieviel Frauen sind dabei?

Wie sehen die Menschen aus, welche Kleidung tragen sie.
Wie verhalten sich die Menschen?
Lasse die Situation auf Dich wirken!
Achte auf die Körpersprache der Menschen, achte auf Ihre Stimmen!

Zuhören

Wenn Du jetzt mit Menschen ins Gespräch kommst, höre zu!
Wenn Dir eine Frage gestellt wird, antworte kurz und stelle dann eine Frage zum gleichen Thema!
Oft möchten Menschen etwas zu dem Thema erzählen und eröffnen mit einer Frage. Sie erzählen dann erst, nachdem man eine Gegenfrage gestellt hat. Dann hörst Du zu!
Merke Dir Namen! Merke Dir Orte!
Interessiere Dich für Details!

Lächle

Gute Laune und somit eine positive Grundstimmung entsteht nicht nur von innen heraus, Du kannst sie auch von außen veranlassen.
Hierfür musst Du nur eine Minute lächeln. Dadurch wird durch Nervenreizung Dein Körper hormonell so beeinflusst, dass Du eine positive und friedliche Grundstimmung bekommst.

Das erleichtert die Kommunikation.

Erzähle etwas Persönliches

Kommunikation ist immer ein Geben und Nehmen. Wenn Du etwas von Dir erzählst, etwas Persönliches, solltest Du auch etwas von Deinem Gegenüber zurückbekommen.
Damit entsteht eine wertvolle Kommunikation.

Schaue in die Augen

Schaue Deinem Gegenüber beim Sprechen in die Augen.
Das signalisiert Interesse und wirkt offen. Außerdem kannst Du viel aus dem Gesicht ersehen, die Microausdrücke (siehe Körpersprache) können viel aussagen und lassen Dich die wahren Gefühle und Absichten erkennen.
Wenn Du viel übst, wirst Du immer besser und kannst immer deutlicher erkennen, was Dein Gesprächspartner wirklich meint, unabhängig von dem, was er tatsächlich sagt.

Rede wenig

Viele Menschen möchten jemanden, der Ihnen zuhört.

Sie möchten Ihre Ansichten und Einstellungen teilen, der Alltag bietet dazu in der Regel wenige Möglichkeiten.

Legend T.
Seven Rules

Die 7 ultimativen Regeln um 7 Kilo in 7 Tagen abzunehmen!

Allgemein

Es gibt nur eine Regel, um abzunehmen.
Du musst weniger Kilokalorien zu Dir nehmen, als
Du am Tag verbrauchst!

Das ist schon Alles!

Was sich so einfach anhört, ist so wahnsinnig schwer.

Der Grundumsatz bei einem durchschnittlichen Menschen liegt bei 2.300 Kilokalorien.
Selbst wenn Du jetzt größer und schwerer bist, oder körperlich arbeiten musst, liegt Dein Verbrauch nur wenig höher, bis zu 400 Kilokalorien mehr.
Das bedeutet, selbst wenn Du ein schwerer, großer Mann bist und körperlich arbeitest, benötigt Dein Körper nicht mehr als 2.700 Kilokalorien pro Tag.

Das ist nicht viel.

Auch Sport bringt nicht so viel, wie man vermuten würde. Das kann man ganz gut an den Fitnessgeräten nachprüfen. Um 400 Kilokalorien zusätzlich zu verbrauchen, muss man schon 1 Stunde Ausdauersport treiben!
Um abzunehmen, musst Du etwa 500 Kilokalorien weniger als dein Gesamtumsatz am Tag zu Dir nehmen!

Konkret:

Du kannst bei drei Mahlzeiten 600 Kilokalorien pro Mahlzeit essen!

Um ein Gefühl für die Menge zu bekommen, musst Du Kalorien auf den Lebensmitteln überprüfen. Notiere Dir zwei Wochen, was Du gegessen hast, dann zähle die Kalorien zusammen.
Nur so kannst Du ein Gefühl für die Menge Lebensmittel entwickeln, die Du Essen kannst.

Drei Mahlzeiten pro Tag im Abstand von mindestens 4 Stunden

Du kannst in diesen drei Mahlzeiten essen, was Du möchtest. Natürlich musst Du die anderen Regeln für Essen beachten. Der Trick dahinter ist, dass Dein Körper während einer Mahlzeit nur begrenzt Nahrung aufnehmen kann.

Zeit zwischen Mahlzeiten

Zwischen der letzten Mahlzeit am Tag und der ersten Mahlzeit am nächsten Tag sollen 12 Stunden liegen!
Dein Körper kann in dieser Zeit Dein Fett in Energie umwandeln!
Du schläfst sowieso die meiste Zeit davon!

Keine Kohlenhydrate

Bei der letzten Mahlzeit am Tag keine Kohlenhydrate essen!
Du bist dann ja nicht mehr körperlich aktiv, benötigst also keine direkte Energie mehr!

Kein Salz

Salz zieht Wasser an!
Du speicherst dadurch unnötig Wasser im Körper.

Nur Wasser trinken

Wasser enthält keine zusätzlichen Kalorien.

Täglich 10 Minuten Sport

Du benötigst kein Fitness Studio.
Mache von folgenden Übungen nacheinander so viele Wiederholungen, wie Du schaffst:
- Liegestütz – Push up
- Bauchcrunch – Sit up
- Unterarmstütz - Plank
- Kniebeuge – Squat
- Muskeldehnung - Stretching

Täglich mindestens 7 Stunden Schlaf

Dein Körper benötigt Ruhe, um sich zu erholen.

Legend T.
Seven Rules

Jobwechsel

Schweigen

Erzähle niemanden, dass Du einen Jobwechsel planst! Auch Deinen besten Kollegen nicht.

Lohnverhandlungen

Fordere eine hohe Lohnerhöhung und einen weiteren Bonus, wie einen Dienstwagen oder eine Mitgliedschaft im Fitnessclub. Wenn Dein Chef darauf

eingeht, umso besser, dann bekommst Du mehr Geld, bis Du gehst!
Falls nicht, hast Du gute Argumente für Deinen Jobwechsel!
Habe keine Skrupel, es geht nicht um Moral!

Geld

Der neue Job sollte mindestens 20 Prozent mehr Geld bringen, sonst lohnt sich der Aufwand nicht!
Du musst dich einarbeiten und wie die neuen Kollegen drauf sind, weißt Du auch nicht!
Das kostet Kraft und das musst Du Dir bezahlen lassen!

Entfernung Arbeitsplatz

Je größer die Entfernung, je mehr Geld musst Du verdienen!
Unterschätze nicht den Aufwand, zum Arbeitsplatz zu kommen. Busse und Bahnen sind immer voll, besonders morgens und abends.
Du musst immer eng zusammen mit Menschen stehen und sitzen, die Du sonst wahrscheinlich nicht treffen würdest.
Nicht Jeder wäscht sich täglich.

Mit dem Auto bist Du allein unterwegs, aber Stau ist immer.

Kurze Rechnung: Arbeitszeit 40 h Woche - Freitag ist kürzer, also Montag - Donnerstag 9h - von 08:00 - 17:45 Uhr (0:45 Minuten Pause) - bedeutet: 06:30 aus der Haustür - vom Bahnhof um 06:45 Uhr Abfahrt - 07:45 am Zielbahnhof ankommen - 15 Minuten Transfer zum Arbeitgeber.
Feierabend bedeutet: 17:45 Arbeitsende - Transfer zum Bahnhof 18:00 - Ankunft am Heimbahnhof 19:00 - Zu Hause 19:15.
Also ein Tag geht von 06:30 - 19:15 Uhr, aber nur, wenn alle Anschlüsse passen und Busse und Bahnen fahren, und dann hast Du noch keine Überstunden gemacht, was oft erwartet wird!

Selbstbewusstsein

Der neue Arbeitgeber hat Dich zum Vorstellungsgespräch eingeladen, weil Du etwas Besonderes bist.
Du kannst etwas, was er benötigt.
Das hat seinen Preis!
Sei selbstbewusst!
Dein neuer Arbeitgeber hat natürlich kein Interesse daran, dass Du viel Geld verdienst, er möchte quasi Deine Fähigkeiten zum kleinen Preis.
Es geht nicht um Moral oder um einen Gefallen!
Dein neuer Arbeitgeber ist nicht Dein Freund!

Du verkaufst Deine Fähigkeiten und Dein Wissen, er möchte es haben!

Also Dein Wissen und Deine Fähigkeiten haben einen Effekt für ca. ein Jahr.

Danach kannst Du keine neuen Informationen bringen. Dazu kommt ein halbes Jahr Einarbeitung in die Struktur der neuen Firma.

Dein neuer Arbeitgeber hat also Interesse für etwa zwei Jahre an Dich. Wenn Du einen Zweijahresvertrag vereinbarst, spielt der Preis vermutlich eine untergeordnete Rolle!

Also mutig voran, schlage einen Preis für Dein Wissen und Deine Fähigkeiten für zwei Jahre vor!

Sei mutig!

Erst danach werden die monatlichen Konditionen ausgerechnet!

Zeit

Durch Dein Schweigen in Deiner alten Firma hast Du Zeit, Deine Verhandlungen werden hart sein.

Dein neuer Arbeitgeber wird sich Zeit erbeten, er möchte Deinen Wert kalkulieren!

Aber keine Angst, der Zweijahresvertrag und Dein Wissen sind zu verlockend, er wird einschlagen.

Falls nicht, auch andere Firmen, insbesondere Konkurrenten des potentiellen neuen Arbeitgebers, haben bestimmt Interesse an Deinen speziellen Fähigkeiten!

Konsequenz

Gemachte Zusagen müssen von Dir eingehalten werden!
Viel des Erfolges hängen vom Glück ab, das weiß jeder Arbeitgeber.
Du musst mit Mut und Zuversicht an jede Aufgabe gehen.
Das Arbeitsergebnis ist nicht im Vordergrund!
Sei mutig!

Legend T.
Seven Rules

Wissen erlangen

Bücher Lesen

Die nachgewiesen beste Methode, sich vertiefendes Wissen anzueignen. Du solltest Dir immer die Zeit nehmen, regelmäßig ein Buch zu lesen. Die Auswahl der Bücher sollte sich zum Anfang an Deiner Interessenlage orientieren. Wenn Du dann regelmäßig liest, ergibt sich dann daraus ein selbstständiger Bedarf. Du liest einen Hinweis in dem einen Buch auf einen Vorfall oder auf einen Autor, auf eine Person. Dieser Hinweis ist dann so interessant, dass Du zum dem Thema dann weitere Informationen möchtest, das nächste Buch ergibt sich dann automatisch.

Hörbücher

Hörbücher sind eine gute Alternative zum Lesen, sie bieten den Vorteil, dass Du Dir nebenbei (in der Bahn, während der Autofahrt) Wissen aneignest.

Vorlesungsvideos

Viele Universitäten bieten online Videos an, in denen oft namhafte Professoren auf Ihrem Fachgebiet eine Vorlesung halten. Der Lerneffekt ist zum einen durch das Vorlesungsthema gegeben, viel mehr allerdings durch die Persönlichkeit des Vortragenden. Wie jemand etwas erklärt ist wichtig für das Verständnis. Gute Professoren in Vorlesungen zuzuhören, kann hier sehr erkenntnisreich und hilfreich sein.

Selbst Erfahrungen machen und reflektieren, d.h. darüber nachdenken.

Erfahrungen machst Du automatisch, dafür musst Du nichts tun. Wichtig ist jetzt, dass Du Dir die Zeit nimmst, darüber nachzudenken. Schaffe Dir dafür einen Rückzugsort, also einen Platz in schöner Umgebung, an dem Du ohne Störung mindestens eine halbe Stunde nachdenken kannst.

Fachmagazine

Sie bieten einen guten Start in ein Wissensgebiet oder auch, um zu überprüfen, ob Dich ein Thema tiefer interessiert. Fachmagazine sind der Start der Wissenserlangung.

Videoportale

Hier werden subjektive Meinungen zum Thema wiedergegeben. Sehr selten findet man fundierte Aussagen.
Auf jeden Fall musst Du das Thema hinterfragen!

Allgemeine Nachrichten, online, Zeitungen und Zeitschriften

Klatsch und Tratsch. Für fundierte Wissensbeschaffung nicht geeignet.

Legend T.
Seven Rules

Knigge

Im Berufsleben

Pünktlichkeit ist eine Zier!

Unpünktlichkeit ist unhöflich.

Sich dafür nicht zu entschuldigen ist eine Todsünde!

Am neuen Arbeitsplatz ist es nicht an dem Neuling, das „Du" anzubieten oder vorzuschlagen oder den Mitarbeitern die Hand zu reichen.

Man muss abwarten, bis der Ranghöhere oder auch der Rest der Kollegen auf den Neuen zugeht und die Hand ausstreckt.

Das Anklopfen vor Betreten eines anderen Arbeitszimmers, auch des Sekretariats, ist ein Muss!

Im Alltag

Beim Begrüßen: Ladys first!
Beim Einstieg in einen Aufzug sollte man diejenigen, die vorne stehen, zuerst einsteigen lassen und beim Verlassen sollten diejenigen zuerst aussteigen, die näher an der Lifttür stehen!

In Gesellschaft

Die Frau bekommt den Vortritt, außer eine andere Person ist deutlich älter als sie (mehr als eine Generation) oder besonders würdig!

Im Restaurant

Die Papierserviette sollte nach Gebrauch nicht zusammengeknüllt auf dem Teller landen, sondern locker gefaltet links neben den Teller gelegt werden!

Den Kaffee- oder Teelöffel leckt man nach dem Umrühren der Flüssigkeit nicht ab. Man legt ihn in nassem Zustand daneben!

Gläser mit Stiel sollten auch nur am Stiel angefasst werden!

Man erhebt das Glas, sieht sich gegenseitig dabei an und trinkt einen Schluck, schaut sich wieder an und stellt das Glas ab!

Falls man keinen Alkohol in seinem Glas hat, so darf man sein Glas erheben und anstoßen!
Geht es leger zu, so ruft man sich „Prost!" zu.
Eleganter ist allerdings „Zum Wohl!"

Den ersten Schluck sollte übrigens der Gastgeber trinken. Er muss warten, bis das Glas jedes Gastes gefüllt ist und nach ein paar einleitenden Worten den ersten Schluck nehmen!
Das ist das Startzeichen für alle anderen, ebenso zu trinken!

Der richtige Umgang mit dem Taschentuch

Man sollte auch als Dame immer ein sauberes und faltenfreies Stofftaschentuch bei sich haben!
Dies ist eine alte Regel, die auch heute noch ihre Gültigkeit hat.

Ist man aber verkühlt und braucht das Taschentuch ständig, ist das Papiertaschentuch hygienischer! Man sollte es allerdings nach einmaligem Benutzen entsorgen!

Beim Niesen sollte man zunächst mit dem Stuhl ein wenig nach hinten rücken, wenn man zwischen mehreren Gesprächspartnern sitzt.
Falls es für das Zücken eines Taschentuchs zu spät ist, sollte man in die linke Hand niesen!
Dies ist für den Gesprächspartner angenehmer, der einem am Schluss der Sitzung ja wieder die rechte Hand schütteln muss!

„Gesundheit" wünscht man heutzutage nicht mehr. Und zwar, weil das Niesen an sich als „Fauxpas" angesehen wird.
Mit dem „Gesundheit!" wünschen lenkt man auch noch die Aufmerksamkeit auf diesen Ausrutscher und somit sollte man das Niesen des anderen geflissentlich übersehen.
Aber auch hier gilt es, sich der Umgebung anzupassen.

Wird es allgemein erwartet, dass man „Gesundheit" sagt, dann sollte man es auch tun!

Auf keinen Fall sollte man jedoch „Zum Wohlsein" ausrufen!

Entschuldigen für das Niesen muss man sich nicht!

Kein gut gemeintes „Vergreifen" an Kranken und Behinderten

Jeder Mensch braucht einen Schutzwall um sich herum.
Experten zufolge sind es rund sechzig Zentimeter im Radius.

Das Smartphone

Der dezente Umgang mit Smartphones im öffentlichen Bereich ist wichtig!

Bei Veranstaltungen, gemeinsamen Abendessen und weiteren Events, während derer man nicht auf sein Mobiltelefon verzichten möchte, schaltet man sein Smartphone am besten auf „lautlos"!

Legend T.
Seven Rules

Hundeerziehung

Hundeerziehung

Körpersprache vor Sprache

Bei Tieren allgemein, speziell bei Hunden, ist die Körpersprache am Wichtigsten!
Du musst Dir innerlich sicher sein, was Du von ihm willst!
Hunde verstehen auch ohne Worte.

Auf keinen Fall sollte man schreien, der Hund kann hundertmal besser hören als der Mensch. Auf jeden Fall hat er dich akustisch verstanden!

Entspannung

Im Umgang mit dem Hund ist Entspannung, oder besser nicht angespannt sein, das entscheidende Verhalten beim Menschen!

Durch die evolutionäre Anpassung über Zehntausende von Jahren kann der Hund die menschliche Körpersprache, und damit auch Emotionen, lesen, quasi spüren.

Der menschliche Zustand überträgt sich normalerweise von innen nach außen, es funktioniert aber auch genau andersherum.

Das bedeutet, wenn man sich äußerlich entspannt, überträgt sich die Entspannung nach innen und auch die Körpersprache ist entspannt.

Das ist der richtige Zustand, um einen Hund zu erziehen!

Leckerli als Motivation

Es ist durchaus zulässig, dass Du kleine Köstlichkeiten als Motivation benutzt.

Berührung

Eine Berührung Deines Hundes sorgt bei ihm für Aufmerksamkeit.
Wenn er sich in etwas hineinsteigert und total aufgeregt ist, dann bleibe ruhig und berühre ihn wie ein Antippen mit einem Finger beim Menschen!
Das sorgt dafür, dass die Aufmerksamkeit auf dich gelenkt wird.
Dann kannst Du die notwendigen Dinge tun, also Leine anlegen oder Leckerli geben.
Die ungewollte und angespannte Situation ist dadurch gelöst.

Gemeinsam spazieren gehen

Als Familientier ist ein gemeinsamer Spaziergang für Deinen Hund eine Festigung der Beziehung zu Dir und das Highlight des Tages.
Es stärkt Deine und seine Stellung in der Familie.
Es sorgt für Ausgleich und Entspannung.

Also: Täglich Ausgehen!

Futter

In der Natur steht Futter nicht den ganzen Tag herum und ein Hund kann sich bedienen, wann er will.

Das Familienoberhaupt sorgt dafür, dass die Familie Futter bekommt.

Also bekommt Dein Hund einmal am Tag Futter von Dir.

Wenn er nicht innerhalb von fünf Minuten gefressen hat oder etwas im Napf lässt, kommt es wieder weg!

Du stellst das Futter hin, der Hund frisst erst, wenn Du es erlaubst!

Der Hund ist ein Fleischfresser, sein Verdauungssystem und sein Körper sind dafür angelegt, rohes Fleisch zu fressen und verdauen zu können!

Streicheln und Massagen

Jeden Tag bekommt Dein Hund Streicheleinheiten und Rückenmassagen, Du kraulst seine Brust und massierst die Schwanzwurzel!

Die Beziehung zu Deinem Hund wird dadurch gefestigt und stark.

Dein Hund wird Dich für diese Streicheleinheiten lieben!

Legend T.
Seven Rules

Gebrauchtwagenkauf

Glänzender Lack

Der Autolack muss überall die gleiche Farbe haben, stumpfer Autolack wurde nicht gepflegt.
Wenn schon der Autolack nicht gepflegt wurde, wurde die Technik gar nicht beachtet.
Orangenhaut deutet auf eine Nachlackierung hin.
Also Finger weg!

Reifen ungleichmäßig abgefahren

Sind die Reifen ungleichmäßig abgefahren, ist die Spur verstellt?

Ursache ist ein Unfall oder ein hartes Fahren auf den Bordstein, auf jeden Fall ein zu schnelles Fahren über eine unebene Straße. Vorsicht!

Bremsscheiben Sichtkontrolle

Die Bremsscheiben müssen glänzend sein und dürfen nicht rissig sein. Am Rand darf kein Absatz zu spüren sein.

Grundsätzlich ist aber zu sagen, dass der Ersatz der Bremsscheiben inkl. Klötze nur wenige hundert Euro kostet, selbst für SUV.

Es ist also ein Argument für einen günstigeren Gebrauchtwagenpreis, aber kein KO – Kriterium!

Scheckheft

Das Scheckheft sollte vorhanden sein.

Da man heute auch gefälschte Scheckhefte kaufen kann, sollte die Vergangenheit im Scheckheft mit dem Zustand des Fahrzeuges augenscheinlich übereinstimmen!

Motorraum

Auch wenn man keine Ahnung von Motoren hat, sollte man die Motorhaube öffnen.

Der Motorraum sollte nicht frisch geputzt aussehen, da möchte der Verkäufer eine undichte Stelle verbergen. Alle Behälter mit Flüssigkeiten sollten auf den angegebenen Normalständen sein. Nichts sollte ölig oder feucht sein.

Der Motor sollte laufen und wie ein Motor klingen. Ansonsten Finger weg!

Geruch Innenraum

Im Innenraum des Autos sollte es nicht stinken. Es sollte nicht muffig riechen.

Leder riecht auch nach 10 Jahren noch nach Leder. Ein neutraler Geruch ist normal. Sämtliche Gerüche bekommt man auch nach intensiver Behandlung nicht aus den Autositzen oder dem Teppich.

Wenn es einmal stinkt, stinkt es für immer! Also Finger weg!

Funktionen Fahrzeug innen und außen

Alles muss funktionieren.
Alle Funktionen ausprobieren, dafür sind sie da!

Wenn etwas nicht funktioniert, kann es teuer werden.

Beispielsweise sind Arbeiten an der Klimaanlage immer teuer. Auch Xenonscheinwerfer kosten schnell einen Haufen Geld.

Kein KO-Kriterium, aber ein Argument für einen günstigeren Gebrauchtwagen - Preis!

Legend T.
Seven Rules

Die besten Lebensmittel

Vollkorn Dinkelbrot

Dinkel gehört zu den Urgetreidesorten, die voll mit Nährstoffen sind.
Brot aus Vollkornmehl gebacken, liefert Dir gute Kohlenhydrate und Mineralstoffe, die Dein Körper perfekt verarbeiten kann.

Butter

Butter ist Natur pur.
Sie besteht nur aus einem Stoff, nämlich Butter.

Sie liefert Dir viel ungesättigte Fette, die Dein Körper für die Herstellung von Kraftstoff für die Muskeln benötigt.

Schinken

Kochschinken oder Rohschinken sind magere und eiweißreiche Wurstsorten, die Du unbedenklich Essen kannst.

Kartoffeln

Wenn schon Kohlenhydrate, dann Kartoffeln.
Sie sind der größte Vitamin C Lieferant. Außerdem schmecken sie gut. Am besten gedünstet oder als Bratkartoffeln in wenig Fett mit Ei.

Paprika / Tomaten

Paprika / Tomaten sind wahres Superfood.
Sie enthalten Stoffe, die freie Radikale in Deinem Körper neutralisieren und senken nachweißlich das Risiko, an Krebs zu erkranken.

Eier

Eier enthalten viel Eiweiß, viele ungesättigte Fettsäuren und schmecken in vielen Varianten.

Neueste Studien belegen, dass Eier eine positive Wirkung auf das gute Cholesterin haben.

Schokolade

Ich finde, etwas Süßes braucht der Mensch!
Dann aber Schokolade mit mindestens 60% Kakaoanteil.

Legend T.
Seven Rules

Die schlechtesten Lebensmittel

Toastbrot

Toastbrot enthält viele leere Kohlenhydrate, es wird aus Weizenmehlstaub hergestellt.
Es enthält keine Vitamine oder andere Nähstoffe.
Es sind einfach tote Kalorien.

Aufbackbrötchen

Aufbackbrötchen aus dem Supermarkt enthalten mehr als 20 Zusatzstoffe.
Über die Auswirkungen in Deinem Körper gibt es keine Aussagen.

Margarine

Margarine wird aus Pflanzenöl und Zusatzstoffen hergestellt.
Es enthält viele gesättigte Fettsäuren, die für Deinen Körper schädlich sind.

Nutella

Nutella besteht hauptsächlich aus Palmöl und Zucker.
Für Palmöl wird der Urwald abgeholzt, es kann so billig hergestellt werden.
Es enthält keine relevanten gesunden Stoffe.
Zucker ist Gift für Deinen Körper.

Limonade / aromatisiertes Wasser

Der Geschmack wird durch Aroma erzeugt.

Aroma ist chemisch hergestellt und kommt nicht aus Früchten oder Gemüse.

Sie liefern Dir nur unnötige Kalorien ohne Nähstoffe und Zucker!

Fleischwurst

Fleischwurst wird aus Schweinefett und Gewürzen hergestellt.

Selbst Geflügel Fleischwurst enthält Schweinefett.

Es liefert nur wenig Nährstoffe und viele gesättigte Fettsäuren und schädigt Deinen Körper.

Zucker

Zucker dient als billiger Füllstoff in der Lebensmittelproduktion und wird häufig eingesetzt.

Du musst Dir klarmachen, dass Dein Körper ohne Fett und ohne Eiweiß nicht überleben kann, dass kann er nicht allein herstellen.

Kohlenhydrate, also Zucker, kann Dein Körper selbstständig produzieren und Zucker muss nicht gegessen werden.

Legend T.
Seven Rules

Richtig Wäsche waschen

Temperaturen

Die heutigen Waschmaschinen haben eine sehr genaue Temperaturregelung.

Zusammen mit der Waschleistung der heutigen Waschmittel heißt das:

Buntwäsche (weiße Wäsche) benötigt nur 40°C
Kochwäsche benötigt nur 60°C, im Ausnahmefall
natürlich auch 95°C
Dadurch sparst Du Energie und natürlich Geld.

Dosierung des Waschmittels

Frage: Wenn Du der Hersteller eines Produktes bist
und Du mehr Geld verdienst, wenn Du mehr von
Deinem Produkt verkaufst. Was wäre Deine Dosierungsempfehlung?

Antwort: Du ahnst es, die Hersteller schlagen eine
höhere Dosierung vor, als notwendig ist.

Du kannst von der Dosierungsempfehlung des Herstellers ohne Bedenken die Hälfte nehmen. Die Wäsche wird sauber.

Ich spüre direkt Deine Zweifel, "Das ist doch
Quatsch, was der erzählt!".

Ein Selbstversuch sollte Dich überzeugen. Fülle einen 10 Liter Eimer und nehme die vom Hersteller
empfohlene Menge des Waschmittels! Schütte das
Waschmittel in den Eimer!

Du wirst jetzt feststellen, dass Deine gesamten 10
Liter im Eimer total seifig werden. Wenn Du mit den
Händen umrührst, setzt sich dieses Seifige an Deine
Hände.

Erst mehrmaliges Waschen mit klarem Wasser ent-
fernt dieses Seifige. Du wirst feststellen, dass ver-

mutlich die Hälfte des Waschpulvers völlig gereicht hätte, um saubere Hände zu bekommen.

Hinweis: Wenn Du nicht im Kohletagebau arbeitest, dann hast Du leicht verschmutzte Wäsche.

Also:

Dosiere zum Waschen von Wäsche von der Angabe des Herstellers die Hälfte der Menge, die für leicht verschmutzte Wäsche angegeben ist!

Waschpulver

Die Hersteller versuchen natürlich alles, um mehr Geld zu verdienen.
Frage: Was ist besser als Geld zu verdienen?
Antwort: Mehr Geld zu verdienen.

Also werden von den Herstellern in regelmäßigen Abständen durch aufwendige Werbemaßnahmen "All inclusive" Lösungen angeboten (Tabs, Pods, etc.).
Dann werden, unabhängig vom Verschmutzungsgrad und Wäschemenge, die gleiche Menge Waschmittel genommen. Sozusagen der Traum eines jedes Produzenten, unabhängig von der tatsächlich benötigten Menge für die Wäsche, wird jetzt ein Tab pro Waschmaschinenladung verkauft.

Benutze ausschließlich Kompakt-Waschpulver!

Kompakt-Waschpulver enthält am wenigstens Füllstoffe (alles, was nicht die Wäsche reinigt, bleicht oder parfümiert).
Für weiße Wäsche ist Waschpulver für weiße Wäsche sinnvoll (natürlich als Kompakt-Waschpulver).
Es enthält zusätzlich noch Bleichmittel, das macht die Wäsche weiß.
Für Kochwäsche ist kein extra Waschpulver notwendig. Die Reinigungsleistung der heutigen

Waschpulver erstreckt sich vom Niedertemperatur-
bereich (ca. 30°C) bis auf den heißen Kochbereich
(ca. 95°C).

Buntwäsche

Die farbliche Trennung von dunkler Wäsche, weißer
Wäsche und rötlicher Wäsche ist notwendig.
Ansonsten gibt es farbliche Abfärbungen, die nicht
gut aussehen.

Kochwäsche

Grundsätzlich ist die gleiche farbliche Trennung wie
bei Buntwäsche zu machen. Wer einen Trockner hat,
sollte die Kochwäsche im Anschluss trocknen, das
macht die Wäsche flauschig.

Weichspüler

Der Weichspüler macht die Fasern der Wäsche
weich und flauschig. Wenn Du einen Trockner benutzt, benötigst Du keinen Weichspüler. Wenn nicht,
dann ist ein Weichspüler für den Komfort sinnvoll.
Eine Reinigung erfolgt durch den Weichspüler nicht.

Duftperlen

Sinnlos.
Waschpulver enthält schon Parfümstoffe.
Zusätzliche Duftstoffe sind nicht notwendig.